W9-AIB-472

Mi almuerzo verde

Colleen Hord

Rourke
Educational Media

rourkeeducationalmedia.com

3 1489 00671 3836

$25.64

FREEPORT MEMORIAL LIBRARY

© 2015 Rourke Educational Media

All rights reserved. No part of this book may be reproduced or utilized in any form or by any means, electronic or mechanical including photocopying, recording, or by any information storage and retrieval system without permission in writing from the publisher.

www.rourkeeducationalmedia.com

PHOTO CREDITS: Cover, Page 15: © Ivonne Wierink; Title Page, Page 4, 21: © Cathy Yeulet; Page 5: © Igor Dutina; Page 7: © Gary Cookson; Page 8: © William Berry; Page 10: © Dmitry Ternovoy; Page 11: © Shannon Long; Page 12: © Ebolyukh; Page 13: © Zhannaprokopeva; Page 15: © Glenda Powers; Page 17 :© Mike Flippo; Page 18: © Stephanie DeLay; Page 19: © Chris Price; Page 9: © 4774344sean

Edited by Kelli L. Hicks
Cover and Interior design by Tara Raymo
Translation by Dr. Arnhilda Badía

Hord, Colleen
Mi almuerzo verde / Colleen Hord
 ISBN 978-1-63155-034-8 (hard cover - Spanish)
 ISBN 978-1-62717-239-4 (soft cover - Spanish)
 ISBN 978-1-62717-436-7 (e-Book - Spanish)
 ISBN 978-1-61590-302-3 (hard cover - English) (alk. paper)
 ISBN 978-1-61590-541-6 (soft cover - English)
 ISBN 978-1-61741-159-5 (e-Book - English)
Library of Congress Control Number: 2014941429

Rourke Educational Media
Printed in the United States of America,
North Mankato, Minnesota

rourkeeducationalmedia.com
customerservice@rourkeeducationalmedia.com • PO Box 643328 Vero Beach, Florida 32964

Contenido

Un almuerzo verde

¿Sabes lo que es un almuerzo verde?

¡No, no se trata de habichuelas o brócoli!

Un almuerzo verde es aquel que no deja como residuo una envoltura plástica u otro envase no reutilizable, que pueda terminar en nuestros **vertederos** de basura.

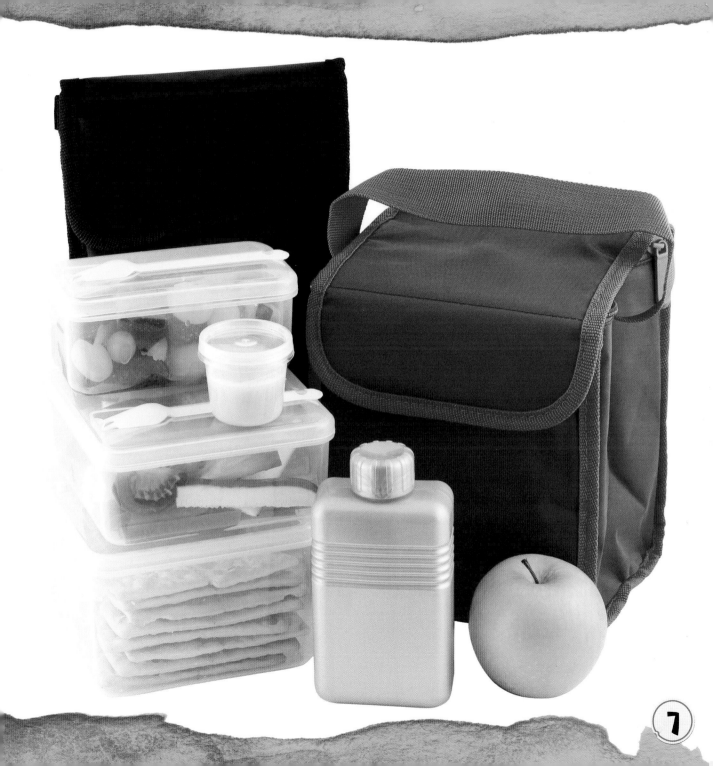

Un almuerzo verde es favorable a la Tierra.

¡Tráelo verde!

Algunos envases de bebidas no son favorables a la Tierra. Eso pasa cuando los envases, o recipientes, están hechos de plástico que no se puede **reciclar**.

¡Piensa verde!
*Algunos envases tardan más de 100 años en **descomponerse**.*

11

Puedes ayudar a la Tierra envasando tu almuerzo en contenedores o recipientes **reutilizables**.

Un termo es un tipo de envase reutilizable que puedes usar una y otra vez.

Las frutas, los vegetales y los sándwiches que son envasados en recipientes reutilizables, son buenas opciones para almuerzos verdes.

¿Puedes pensar en otros alimentos que serían una buena opción para un almuerzo verde?

¡Cómpralo verde!

Aún cuando tú compraras tu almuerzo en la escuela, podrías todavía tener un almuerzo verde. Muchas escuelas tienen cafeterías favorables a la Tierra. Una cafetería verde usa platos reutilizables, servilletas de tela y cubiertos.

Las cafeterías verdes tienen recipientes para reciclar y para el **abono orgánico**.

Las sobras de la comida que se ponen dentro del recipiente de abono orgánico, se descomponen y se convierten en alimento para las plantas.

Si tu escuela no tiene un programa de almuerzo verde, tú puedes ayudar a que comience uno.

¡Piensa verde!

¡Ponte en marcha con los almuerzos verdes!

- *Habla con tus padres y con el director acerca de los almuerzos verdes.*
- *Haz un cartel que muestre cómo es un almuerzo verde.*
- *Envasa almuerzos verdes para mostrar a tus amigos lo fácil que es ser favorable a la Tierra.*

Los almuerzos verdes son saludables para ti y para la Tierra.

¿Qué hay en tu almuerzo hoy?

Prueba esto

Experimento de mini-vertedero

Lo que vas a necesitar:

☑ Una tina plástica del tamaño de una caja de zapatos, o una bolsa Ziploc de un galón

☑ Tierra suelta

☑ Un calendario

☑ Pedazos de desperdicios, como cáscara de plátano, el corazón de una manzana, un pedazo de pan, papel triturado, recortes de césped, una envoltura plástica, una banda elástica, un clip para sujetar papeles

Qué hacer

1. Llena el contenedor hasta la mitad con tierra.
2. Mezcla pequeños pedazos de desperdicios de los que están en la lista.
3. Después de llenar el contenedor con algunos desperdicios, moja la tierra con una pequeña cantidad de agua. Mantén la tierra húmeda pero no fangosa.
4. Coloca tu mini-vertedero en un lugar soleado.
5. Mezcla todo eso diariamente.
6. Anota cada día en tu calendario lo que tú vas observando de esa mezcla.
7. Después de 30 días, vacía el contenedor en un periódico y esparce sobre él lo que queda.

¿Cuál desperdicio se descompuso?

¿Cuál desperdicio no se descompuso? ¿Puedes reciclar estas cosas?

Glosario

abono orgánico: una mezcla de frutas, vegetales, hojas, etc., podridas, que se añade a la tierra para enriquecerla.

descomponer(se): podrirse o deteriorarse

reciclar: procesar cristal, plástico y aluminio, ya viejos, para hacer nuevos productos

reutilizable: algo que puede ser usado de nuevo en vez de desecharlo

vertederos: grandes espacios donde la basura es enterrada

Índice

Páginas web para visitar

www.kidsbegreen.org

www.nationalgeographic.com

www.nwf.org/rrgreenzone

Acerca de la autora

Colleen Hord vive en una pequeña granja con su esposo, donde tiene llamas, gallinas y gatos. Ella disfruta practicando kayak, haciendo acampadas, caminando por la playa y leyéndoles a sus nietos.

DISCARDED BY
FREEPORT
MEMORIAL LIBRARY

FREEPORT MEMORIAL LIBRARY
CHILDREN'S ROOM